CB071312

De: ....
Para: ....

Outubro de 2004, Editora Fundamento Educacional Ltda.

Editor: Editora Fundamento
Edição de texto: Editora Fundamento
Versão brasileira: Neuza Maria Simões Capelo
Ilustrações: Jane Seabrook
Capa e editoração eletrônica: Commcepta Design
Fotolito e Impressão: Sociedade Vicente Pallotti – Editora

Dados Internacionais de Catalogação na Publicação (CIP)
(Câmara Brasileira do Livro, SP, Brasil)

Seabrook, Jane
    Você é diferente/ Jane Seabrook; tradutora: Neuza Maria Simões Capelo – São Paulo, SP: Editora Fundamento Educacional, 2004.

Título original: Furry logic parenthood.

1. Afetividade – Humor 2. Auto-estima – Humor
I. Título.

04-6416   CDD–818.02

Índices para catálogo sistemático:
1. Afetividade e Auto-estima: Tratamento humorístico: Literatura australiana   818.02

Fundação Biblioteca Nacional
Depósito legal na Biblioteca Nacional, conforme Decreto nº 1.825, de dezembro de 1907.
Todos os direitos reservados no Brasil por Editora Fundamento Educacional Ltda.

Impresso no Brasil
Telefone: (41) 3015.9700
E-mail: info@editorafundamento.com.br
Site: www.editorafundamento.com.br

JANE SEABROOK

Você é diferente
UM GUIA PARA ENFRENTAR PEQUENOS DESAFIOS

Editora **FUNDAMENTO**

A primeira coisa a fazer pela manhã é sorrir!

E continuar assim.

Seria impossível parar.

*Ah, vou tentar começar.
Só vou dormir mais um pouquinho...*

*Aceite-se.
Seja você mesmo.*

Ninguém está melhor qualificado do que você.

A vida é cheia de desafios e frustrações.

Mas um dia você vai encontrar um penteado que lhe assente bem.

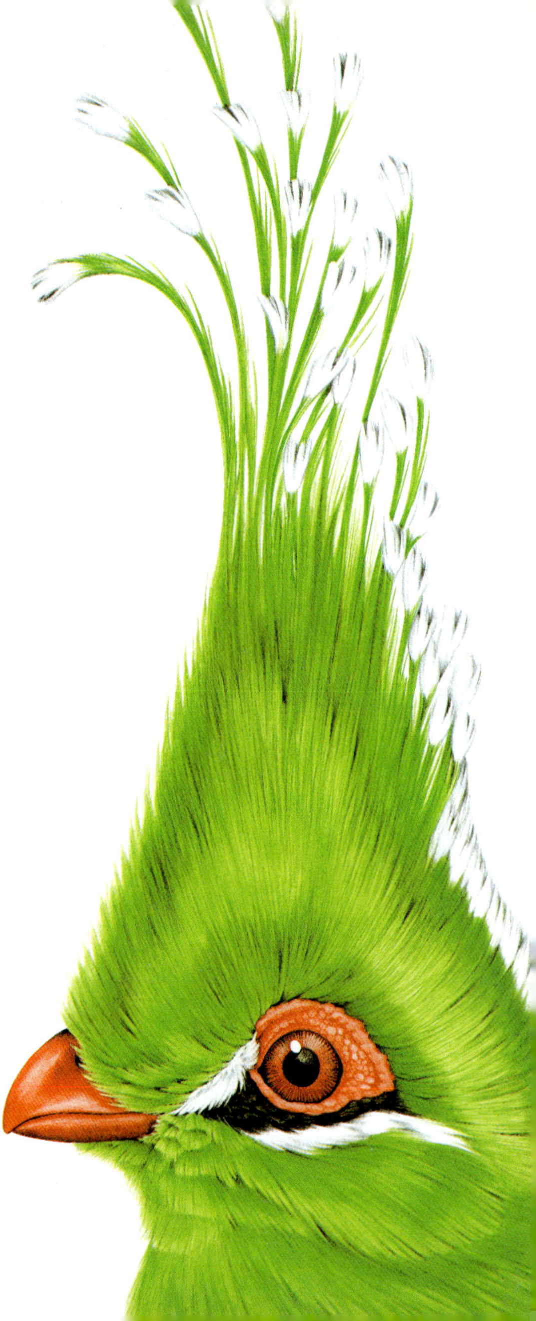

Nunca se esqueça de que não existe ninguém como você...

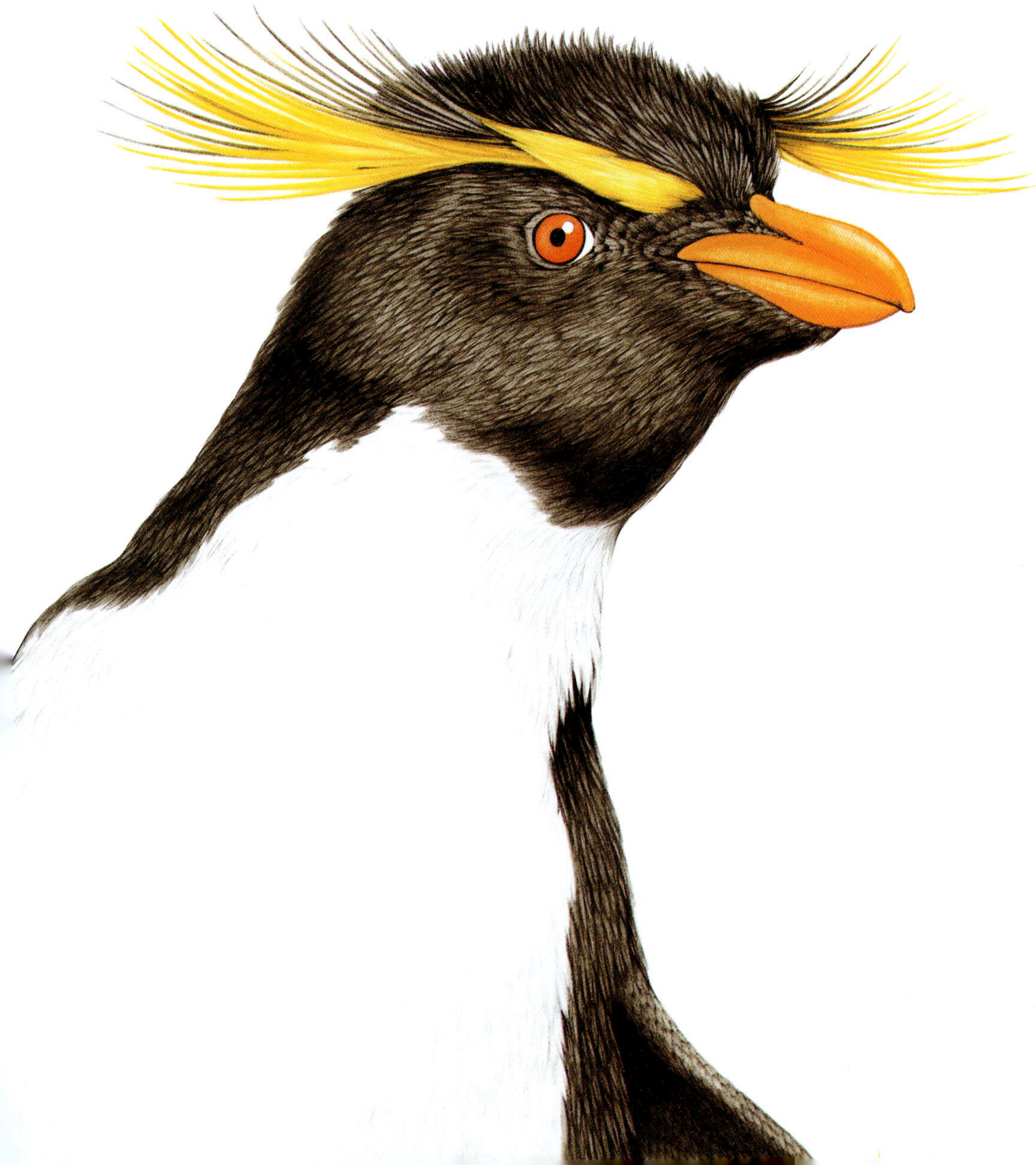

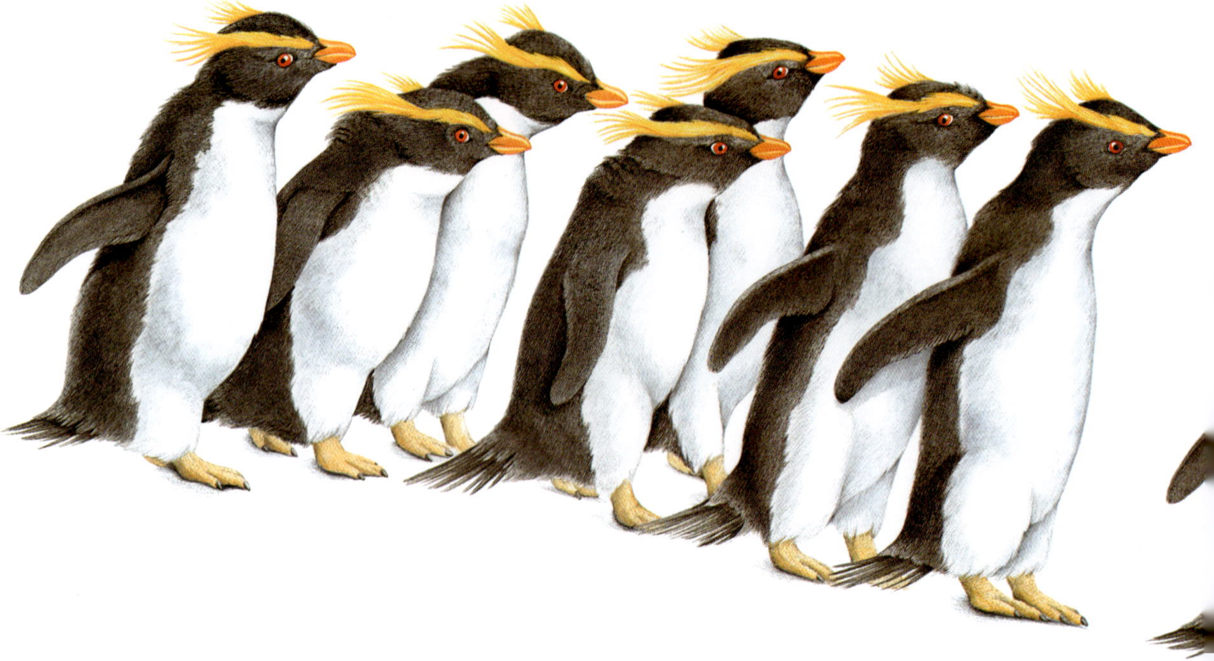

...*exatamente como acontece com todo mundo.*

Se acertar da primeira vez, procure não demonstrar tanta surpresa.

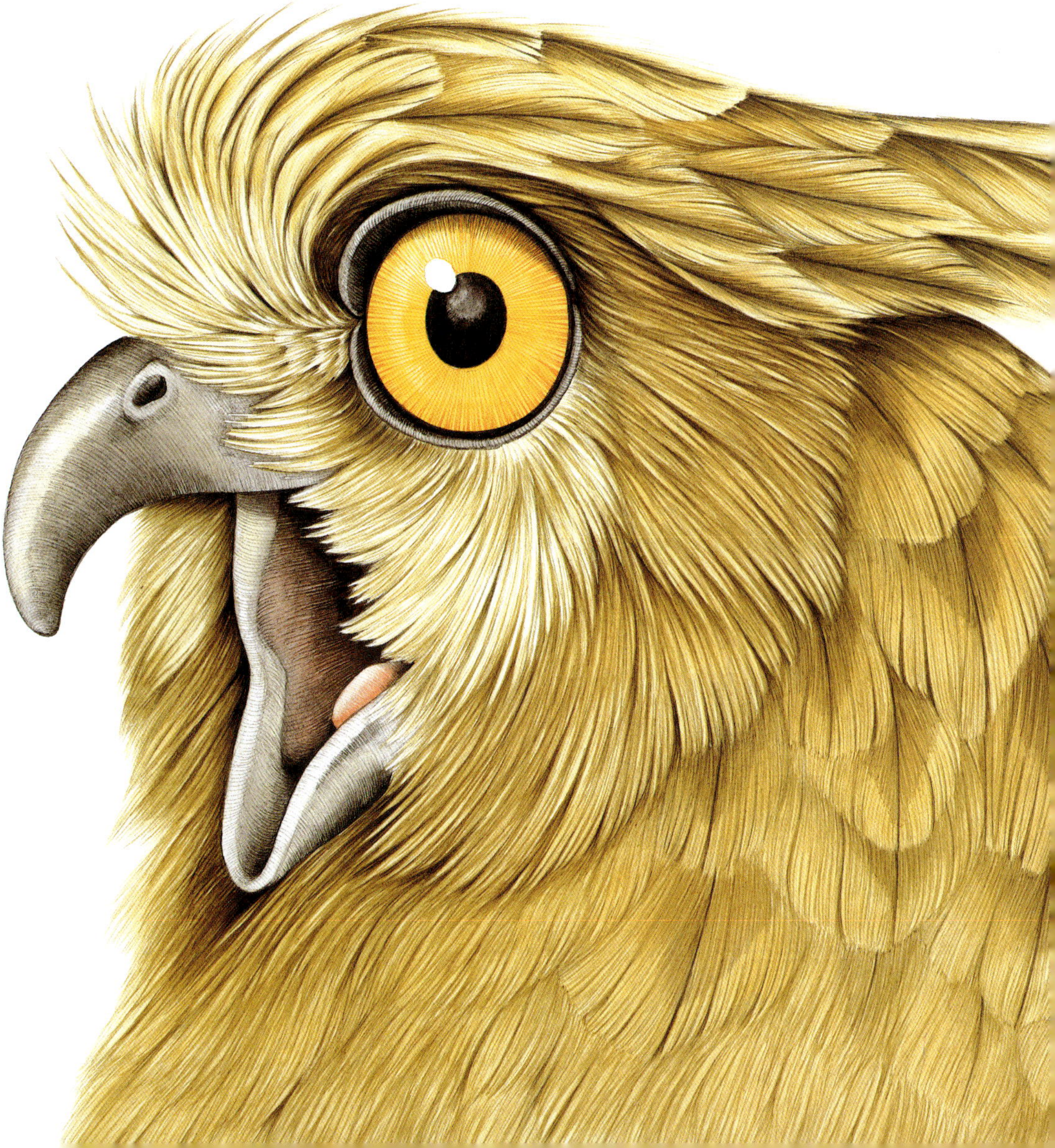

*Se não acertar
da primeira vez,
engula todas as
evidências da
tentativa.*

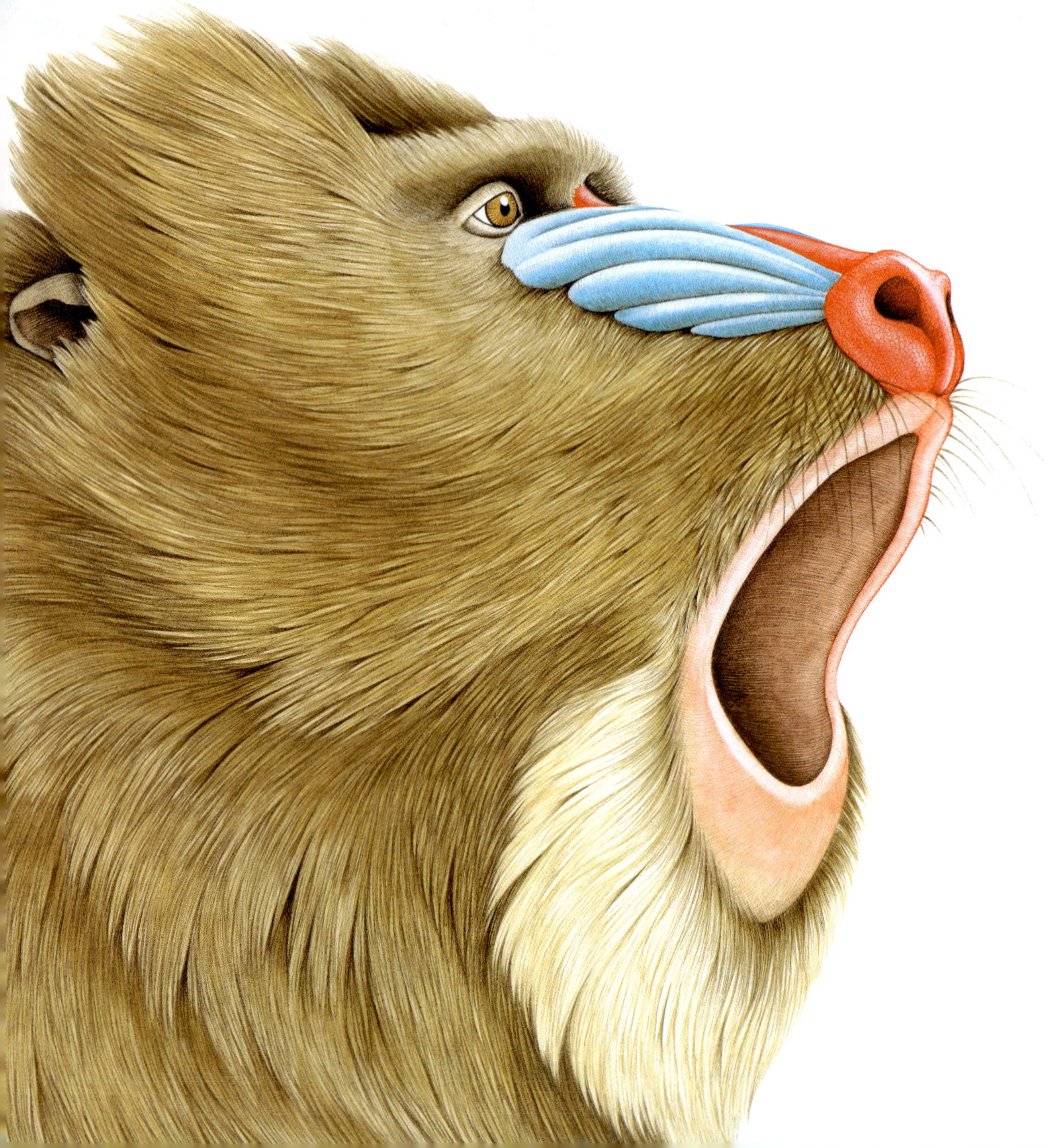

*Ninguém está
prestando atenção;
até o momento em
que você comete
um erro.*

Nunca me incluíram no "Quem é quem", mas faço parte do "O que que é isso!?!"

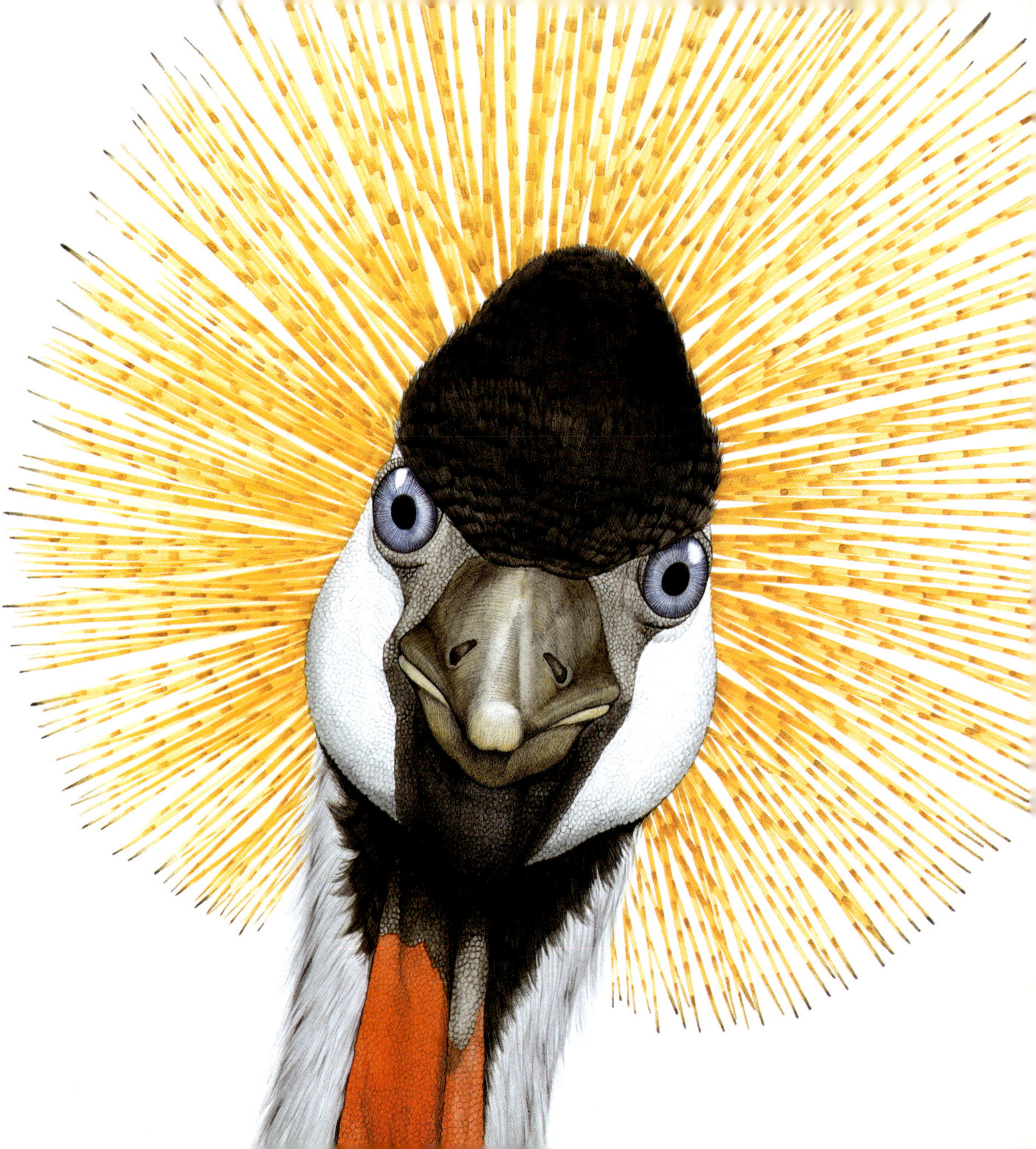

*Todo poder corrompe.
O poder absoluto é
uma maravilha.*

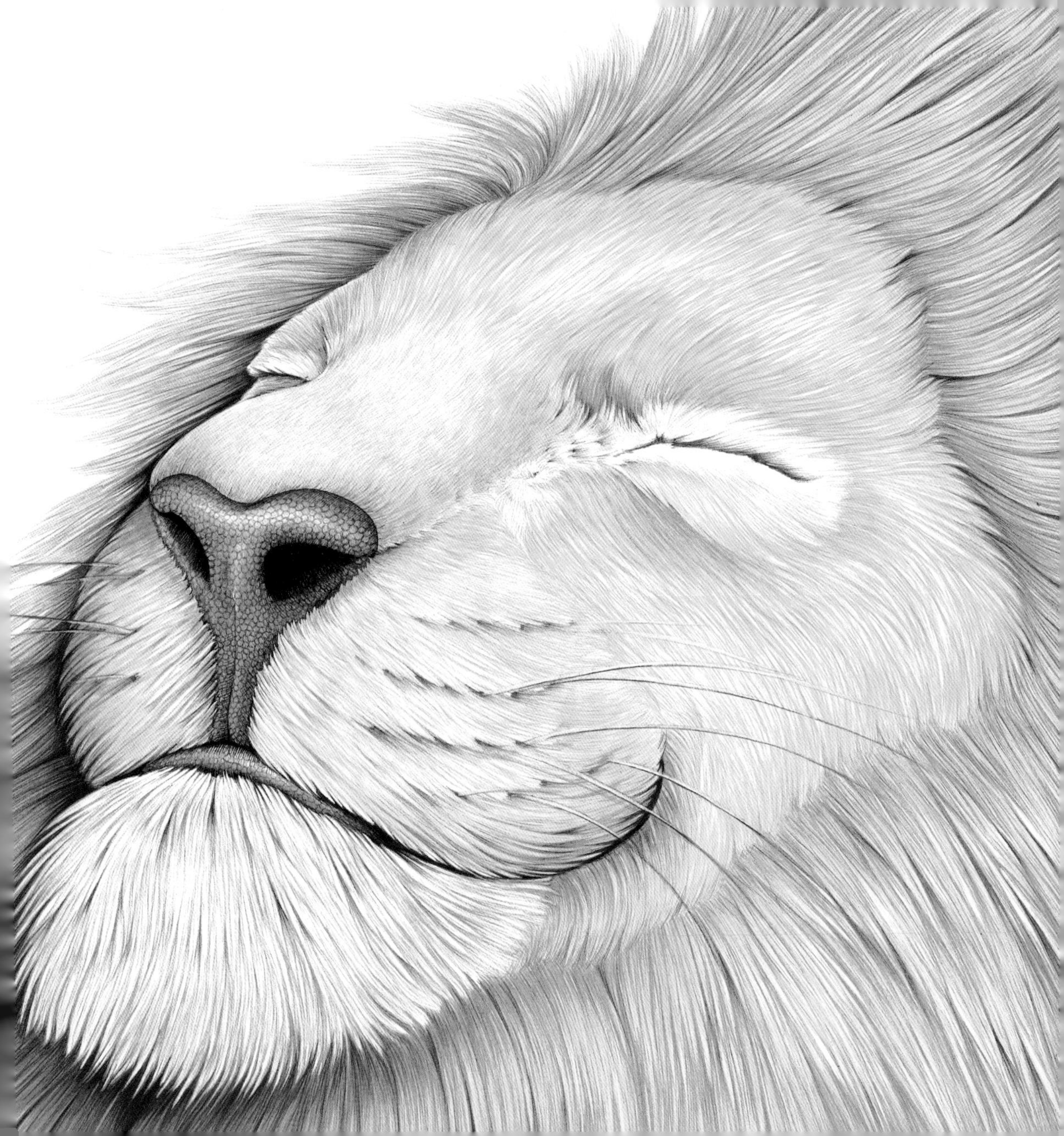

O problema com o trabalho é...

que ele é assim, diário.

*Procuro viver um
dia de cada vez...*

mas, às vezes, sou atacado por vários dias ao mesmo tempo.

*Eu não sou tenso.
Sou tremendamente,
tremendamente alerta.*

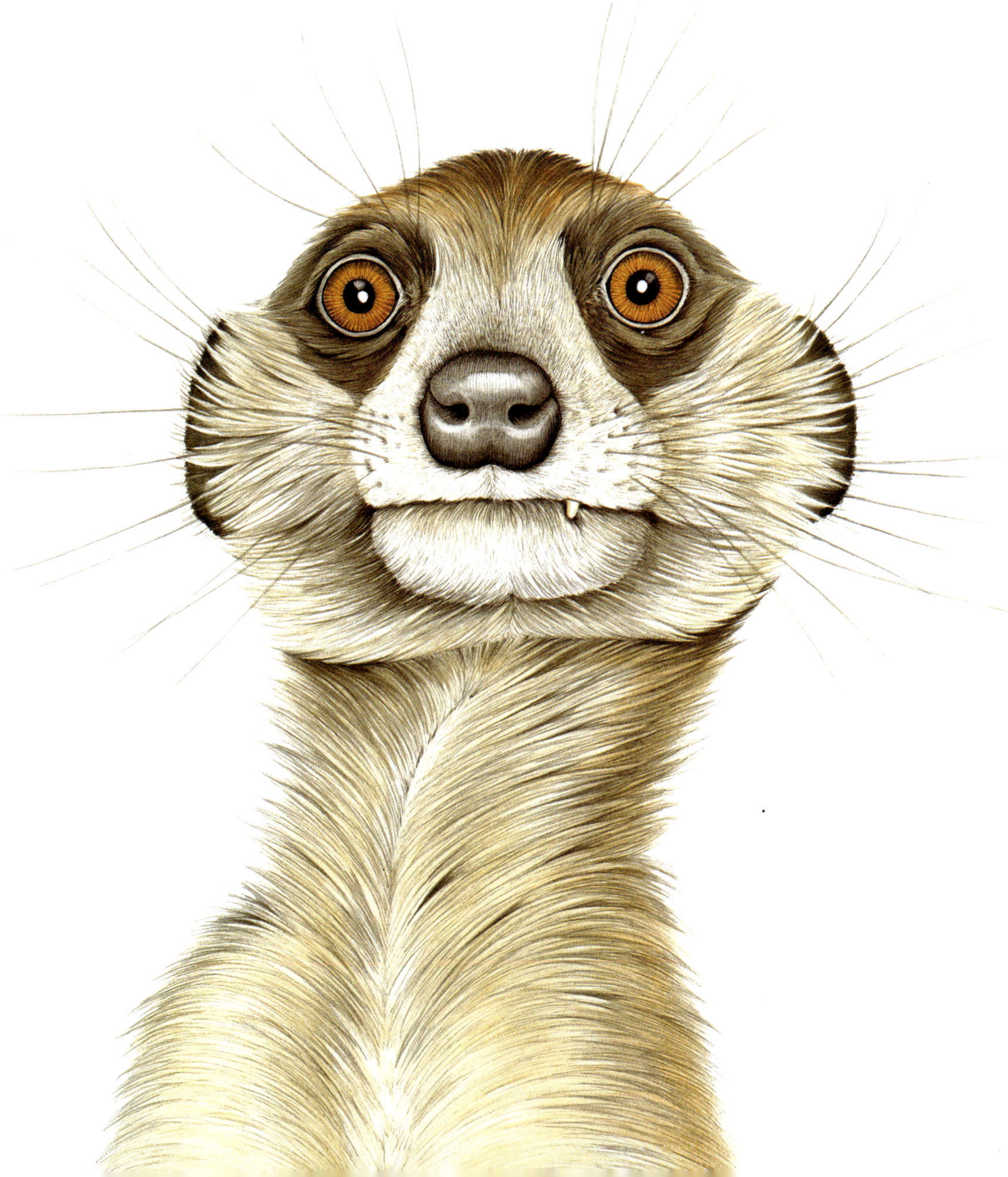

Quando você entrar na água até as orelhas...

é melhor manter a boca fechada.

Se você consegue manter a cabeça no lugar quando todos em volta perderam as suas,

é bem possível que você não tenha entendido em que situação se meteu.

Eu tenho nervos, e você está me deixando nervoso.

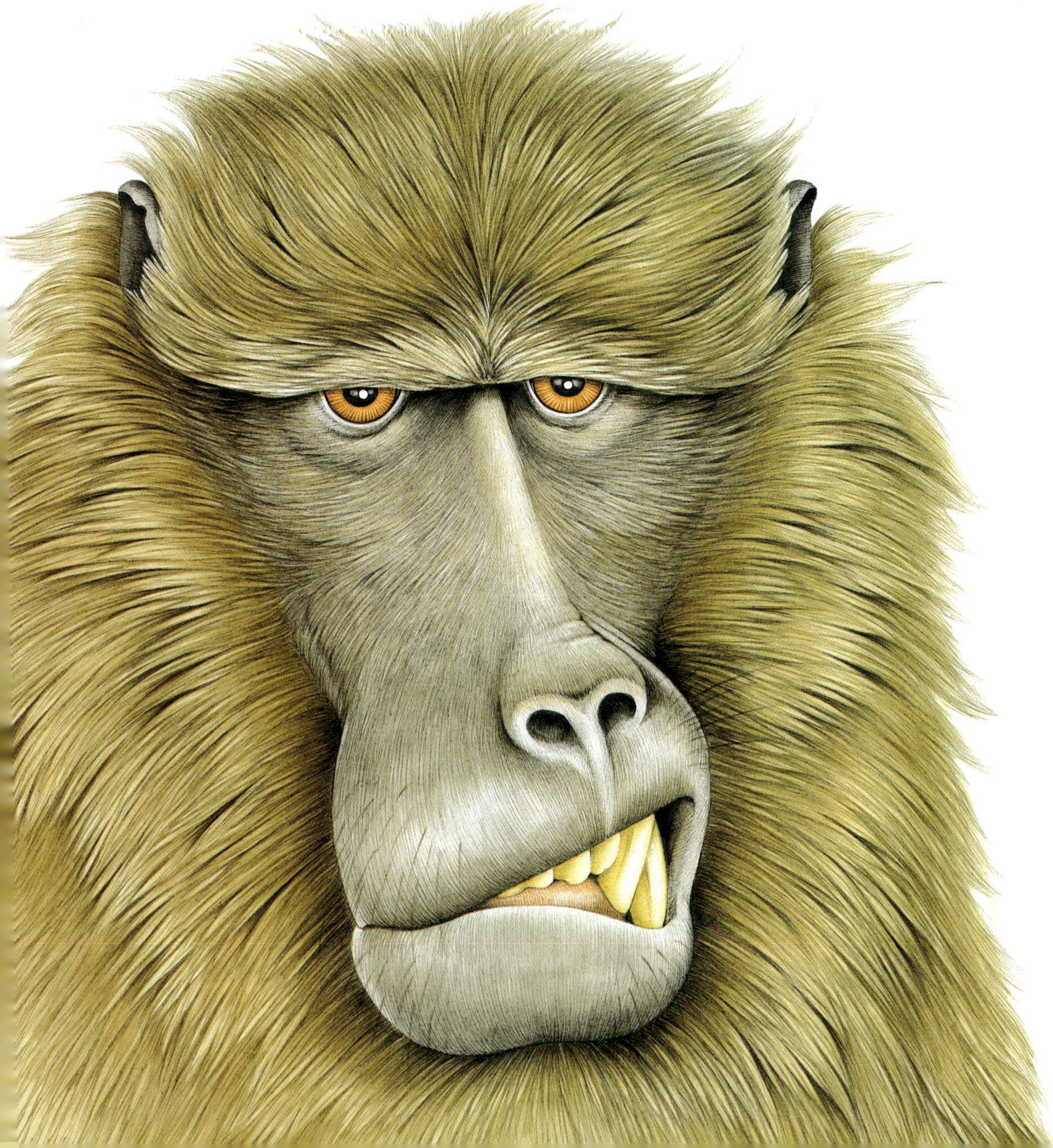

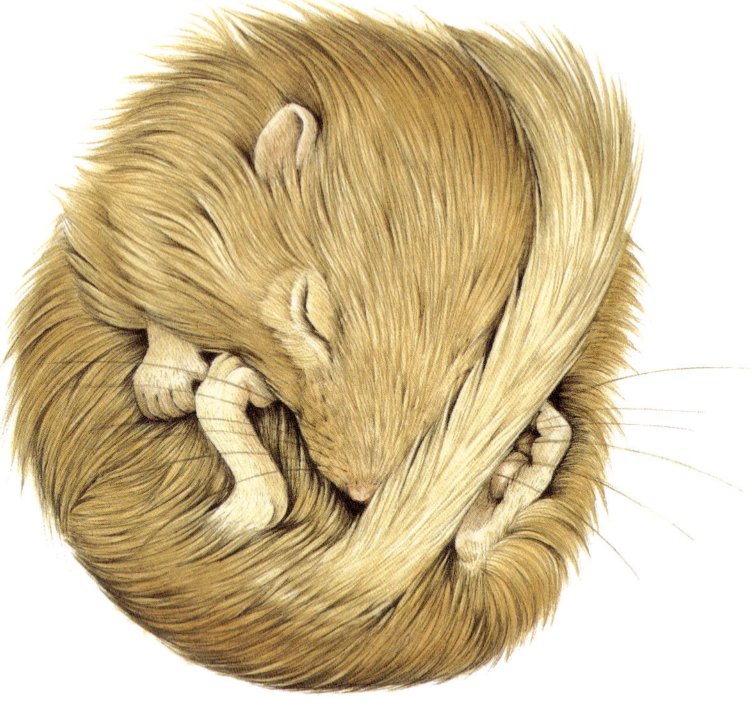

Nenhum dia é tão ruim que não possa ser melhorado com uma soneca.

Se você não concorda comigo, é porque...

não está escutando o que eu disse.

*Você não tem a obrigação
de concordar comigo;
mas se concordar, tudo se
resolverá mais rápido.*

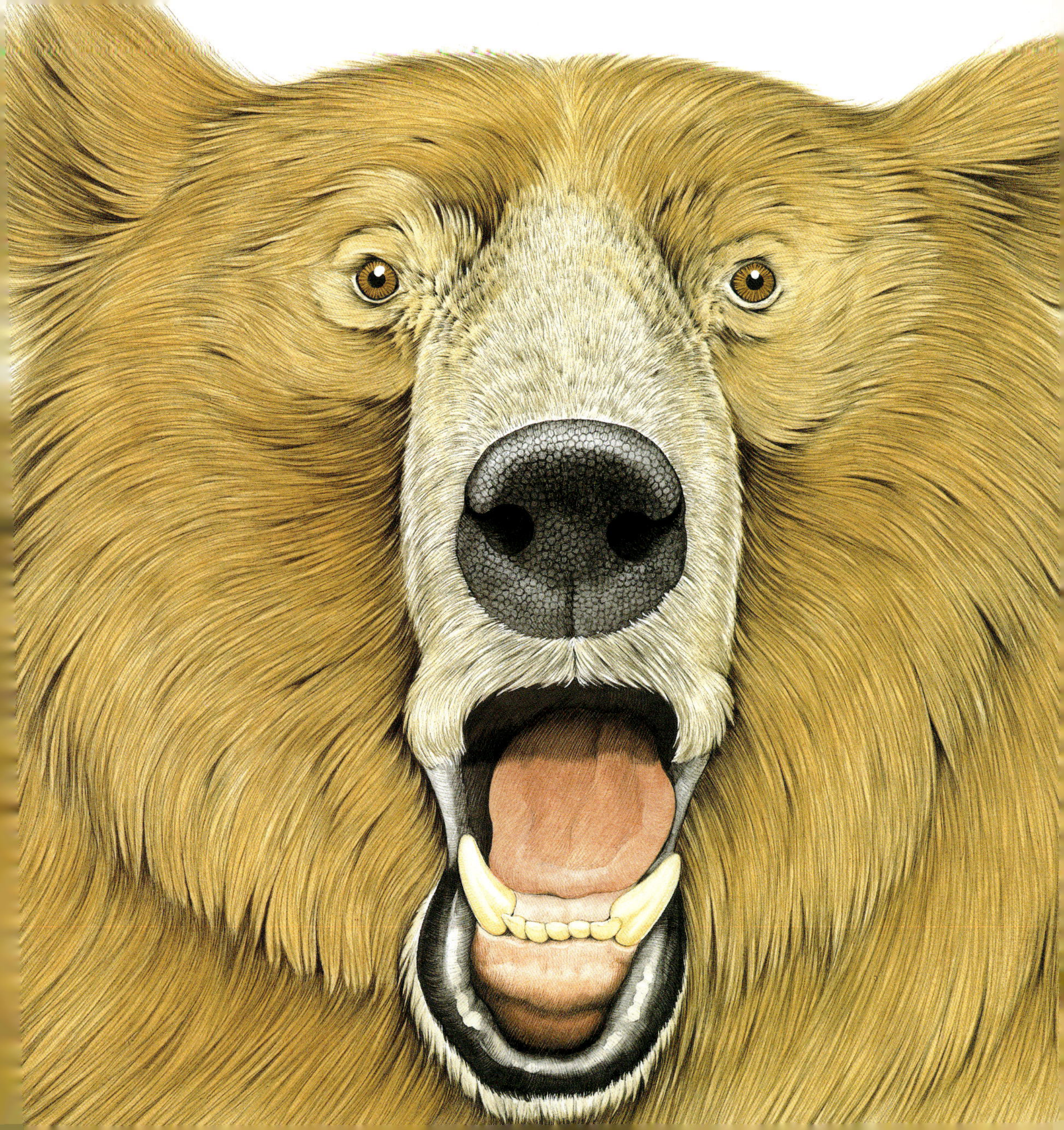

Nunca vá para a cama com raiva: fique de pé e brigue.

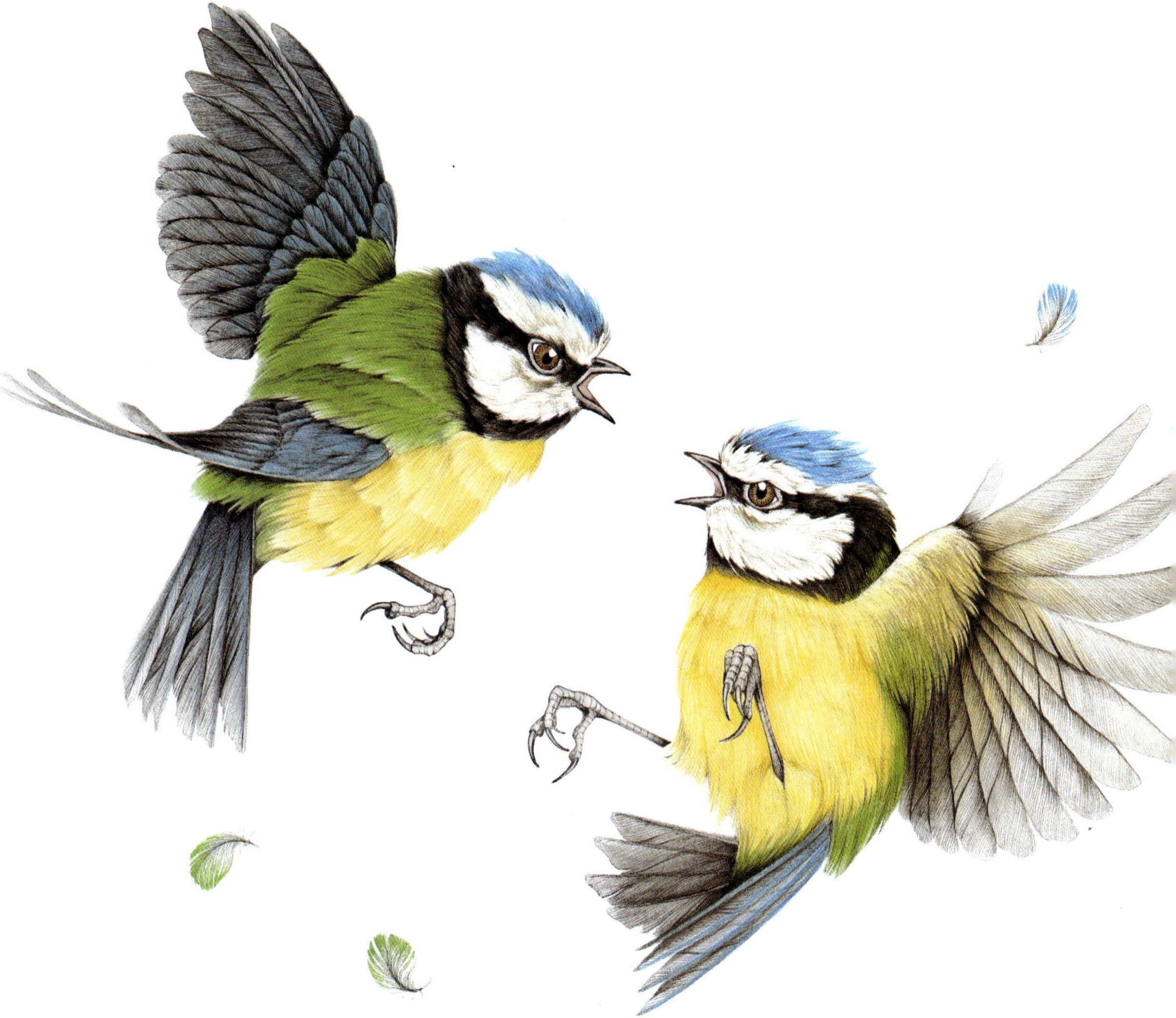

*Você sempre vai ser
meu melhor amigo...*

você sabe demais.

Seus segredos estão seguros comigo...

e com todos os meus amigos.

Eu nunca repito um mexerico.

Portanto, preste atenção.

Você acredita em amor à primeira vista?

Ou devo passar outra vez na sua frente?

Qualquer um pode se apaixonar.

Mas para ficar bobo é preciso amar muito.

*Coisa boa, quando é demais,
pode ser uma maravilha.*

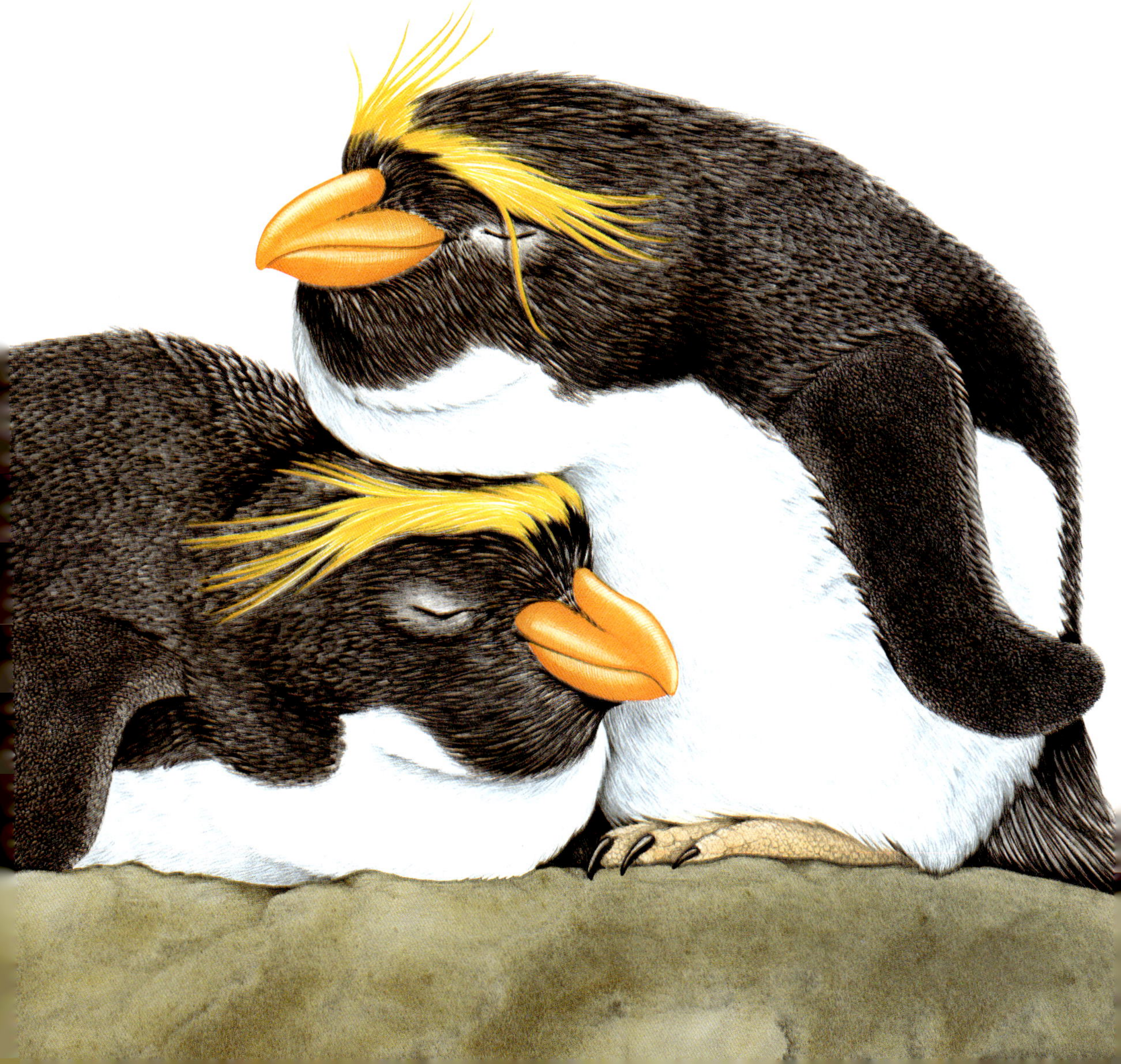

Se você me abandonar e for embora...

posso ir junto?

*Quando você tem filhos,
perdoa seus pais...*

por tudo.

A maneira mais rápida de o papai ou a mamãe conseguirem a atenção dos filhos...

*é se sentarem
e parecerem
confortáveis.*

Existem poucas coisas mais gratificantes do que ver nossos filhos terem seus próprios filhos adolescentes.

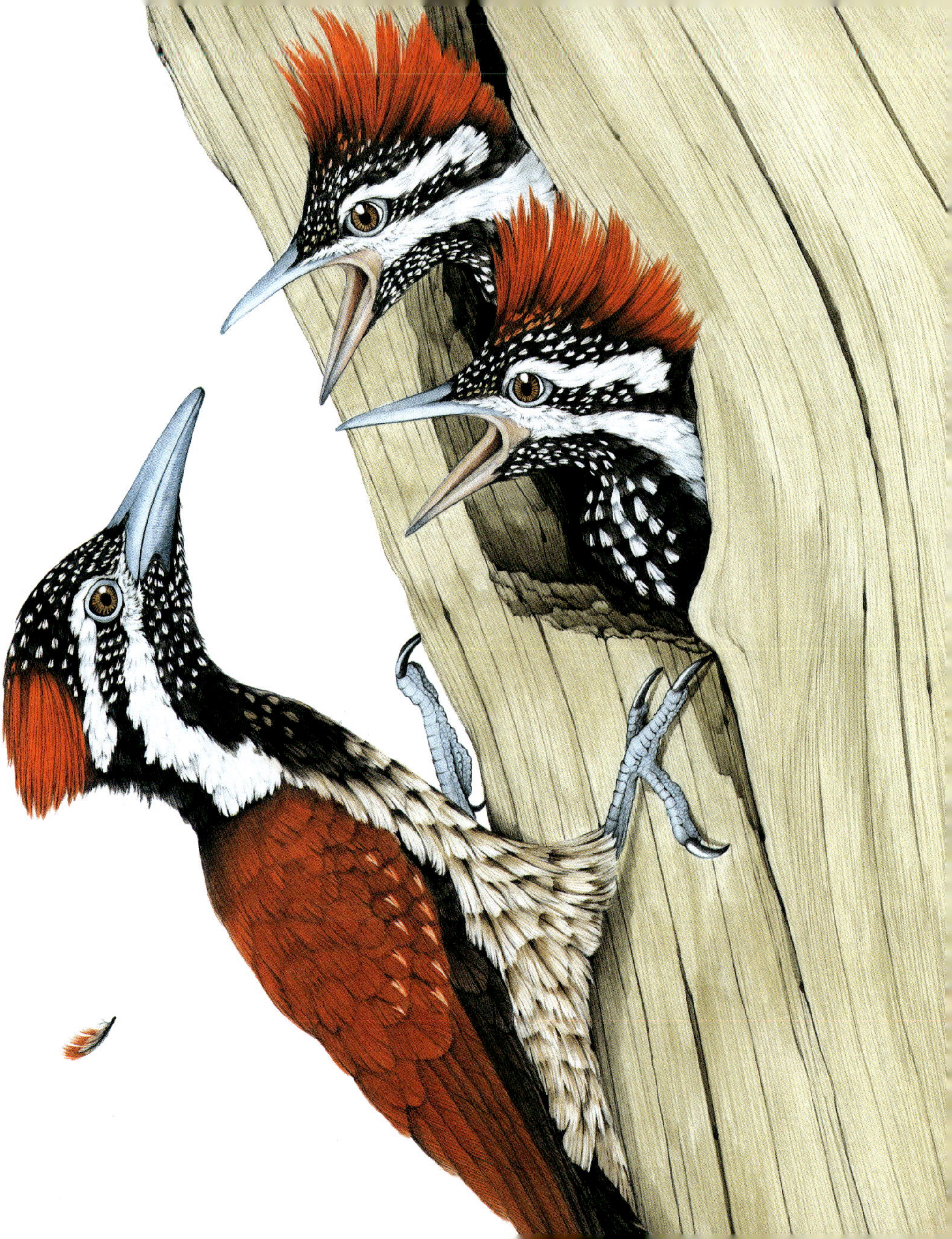

Não se pode ser jovem para sempre.

Mas é possível conservar a imaturidade pelo resto da vida.

Quero tudo!

E aqui na minha mão.

Não me esforcei tanto para chegar ao topo da cadeia alimentar para comer essa casca tão dura!

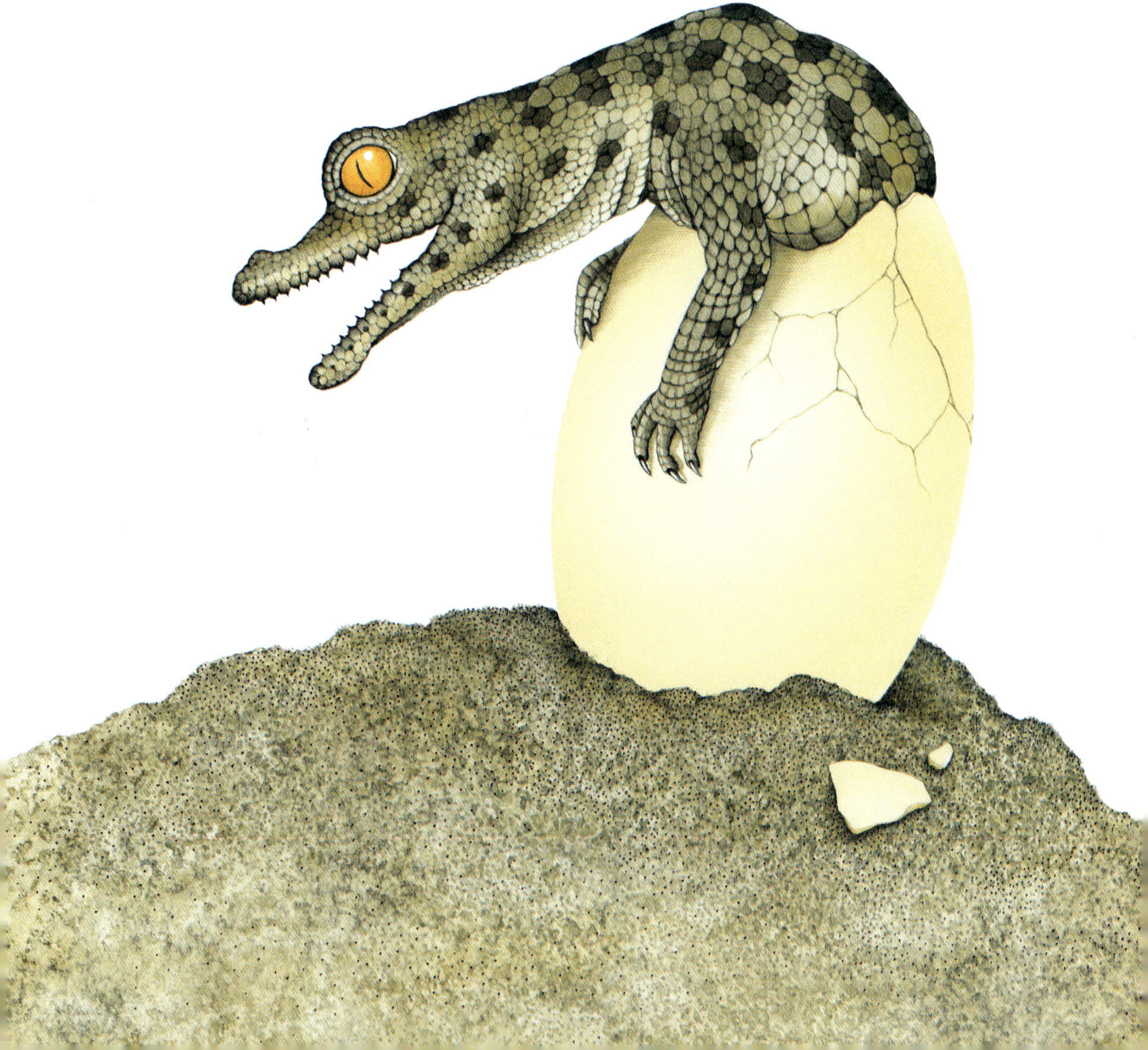

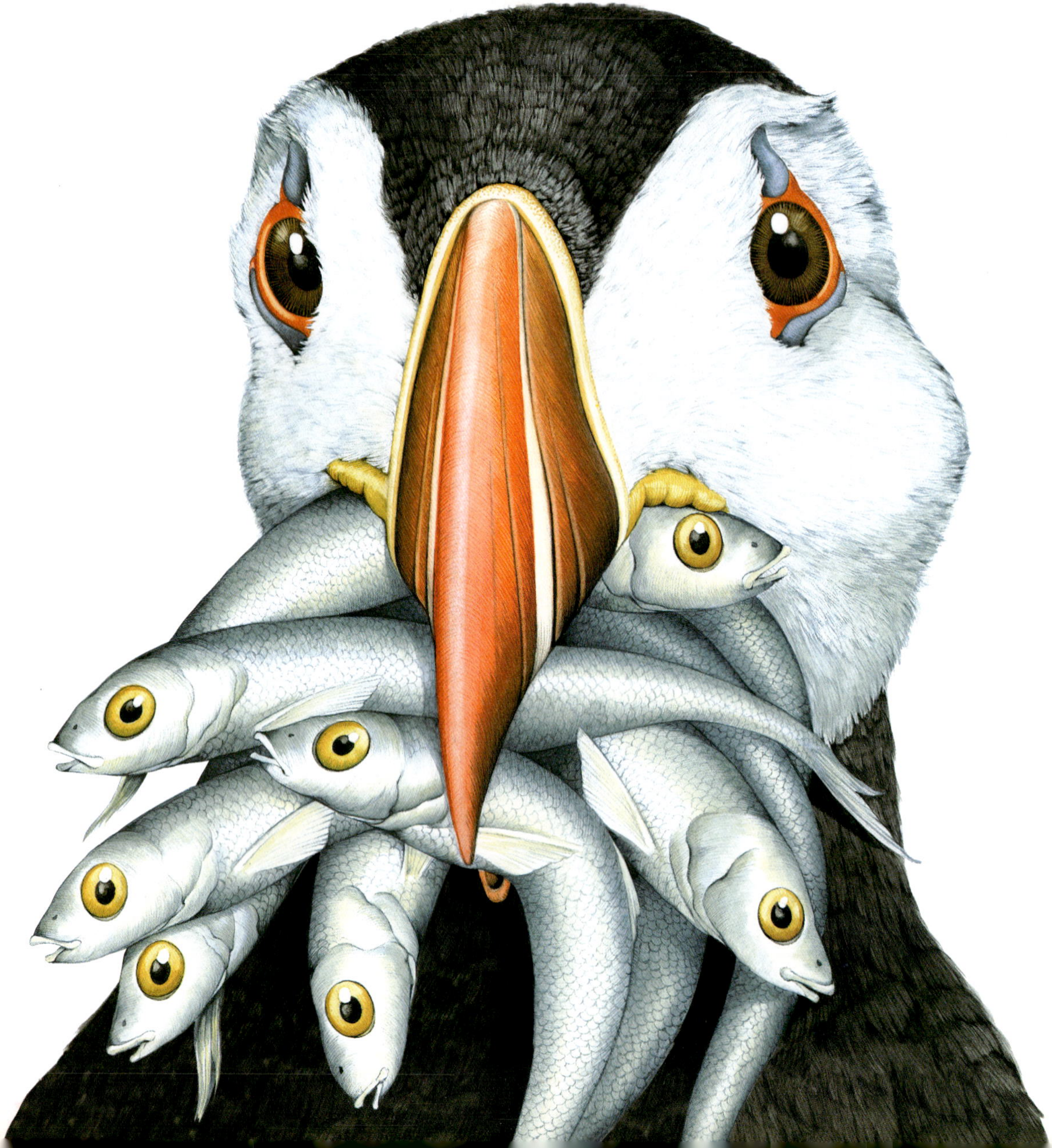

Nunca coma mais do que for capaz de carregar.

Foi muito bom.

*Mas agora acho
que eu vou gritar.*

Notas da artista

Estas notas são para mim a certeza de que o livrinho vai ganhar um ponto final. Até agora, ele se recusou repetidamente a ser encerrado, me fazendo ceder à tentação de acrescentar frases e ilustrações.

As gravuras são todas em aquarela, seguindo a técnica de começar pelos tons mais claros e terminar com as sombras mais escuras. Um pequeno pincel com um único pêlo de zibelina me permite fazer os detalhes; esse pêlo único inevitavelmente se desgasta a cada trabalho, às vezes no meio da pintura, o que muito me irrita. Sempre pinto primeiro os olhos do animal e, se consigo a expressão certa, o trabalho geralmente vai bem; caso contrário, começo outra vez.

As pesquisas que fiz para as pinturas revelaram algumas surpresas. Existe mesmo um mergulhão de pés azuis (p. 9) que dança, ora levantando o pé esquerdo, ora o direito, de modo a não ser confundido com nenhum outro tipo de ave, quando quer impressionar uma fêmea.

E pense um pouquinho no pássaro tecelão da p. 27 (O problema com o trabalho...). Se ele não conseguir atrair uma fêmea até que comece a amarelar a grama de que tão cuidadosamente foi feito o ninho, ele tem de começar tudo de novo. Elas só se interessam por ninhos frescos e verdinhos; a pressão é constante, portanto.

Você é diferente – um guia para enfrentar pequenos desafios é uma coleção de pequenos desafios que a vida nos apresenta diariamente. Se você tiver vivido a mesma situação, é provável que, ao perceber isso, tenha dado um sorriso, ou mesmo uma boa risada. É o que espero.

Tudo de bom,

Jane

Agradecimentos

Meus mais sinceros agradecimentos às pessoas muito especiais de quem **Você é diferente – um guia para enfrentar pequenos desafios** dependeu de várias maneiras para vir ao mundo: Mark Seabrook-Davidson, Diana Robinson, Burton Silver, Mark Seabrook e Hugh Seabrook.

Muitos foram os que, ao longo do caminho, me disseram palavras de estímulo, e gostaria também de agradecer a Diana Cheney, Alison Davison, Kel Geddes, Greg Spode, Brett e Lisa Seabrook, e Mabs Wiseman.

Obrigada também ao pessoal do Image Centre, em especial a Andy Mackie, Troy Caltaux e Alex Trimbach; à PQ Publishing, por perceber as possibilidades que havia nos primeiros rabiscos. E a Joy Willis, da Phoenix Asia Pacific, que com tanta habilidade coordenou o processo de impressão.

Minha gratidão, ainda, a John Cooney, da revista **Grapevine**, de Auckland, Nova Zelândia, por muitas das frases de autoria desconhecida (Anônimas).

Outras frases apareceram ou foram citadas nas seguintes publicações:

"Seja você mesmo; ninguém tem melhor qualificação para isso." (Anôn.) em **More Pockets Positives**, Five Mile

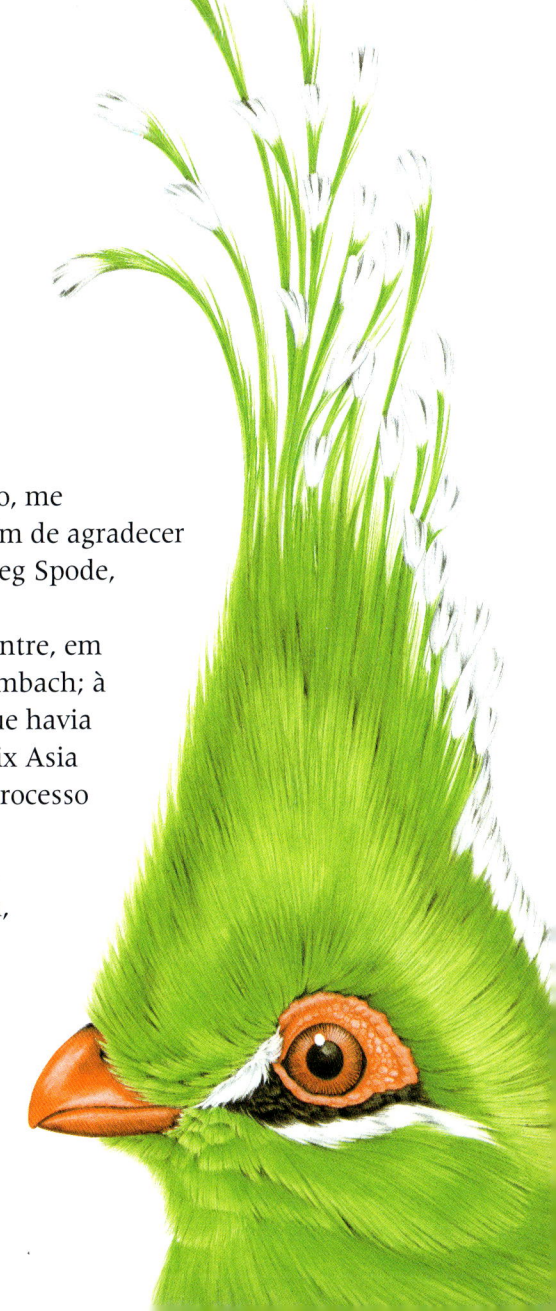

Press, Melbourne, Austrália; "Se acertar da primeira vez, procure não demonstrar tanta surpresa." (Anôn.) em **World's Best Humour**, Five Mile Press, Melbourne, Austrália; "Nunca me incluíram no 'Quem É Quem', mas faço parte do 'O Que É isso!'" (Phyllis Diller), "Nunca vá para a cama com raiva: fique de pé e brigue." (Phyllis Diller) e "Não se pode ser jovem para sempre. Mas é possível conservar a imaturidade pelo resto da vida." (Maxine Wilkie) em **Women's Lip**, ed. Roz Warren, Sourcebook Inc., EUA; "Se você não concorda comigo, é porque... não escutou o que eu disse." (Sam Markewich) em **Comedy Comes Clean 2**, Three Rivers Press, NY. EUA; "Se você me abandonar... posso ir junto?" (Cynthia Hemmel) em **The Penguin Dictionary of Modern Humorous Quotations**, ed. Fred Metcalf, Penguin Group, Reino Unido.

Embora tenham sido feitos todos os esforços para localizar os detentores de direitos autorais sobre as citações, o Editor ficaria satisfeito em receber novas indicações a esse respeito, para que se façam as devidas correções em edições futuras.

CONHEÇA TAMBÉM OUTROS LIVROS DA FUNDAMENTO.

VOCÊ É MUITO IMPORTANTE
CARLA OLIVEIRA

Um livro para alegrar a si mesmo e a quem é importante para você. Viver pode não ser tão simples mas, com bom humor, você descobre que a vida é o nosso maior presente.

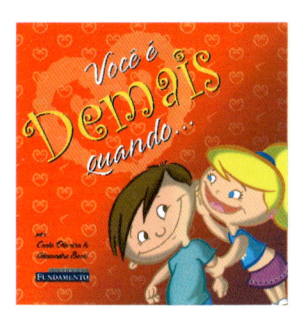

VOCÊ É DEMAIS QUANDO...
CARLA OLIVEIRA E ALEXANDRE BOCCI

Uma alegre seleção de situações românticas para encantar pessoas especiais.

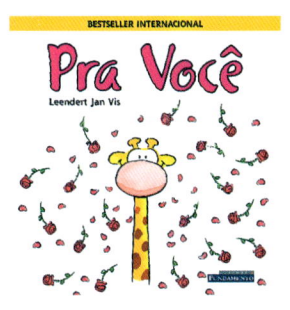

PRA VOCÊ
LEENDERT JAN VIS

Um bestseller internacional que traz uma mensagem cativante para emocionar e conquistar você.
Pra você, um presente repleto de ilustrações que dá o seu recado de uma maneira divertida e envolvente.

www.editorafundamento.com.br
Atendimento: (41) 3015.9700

EDITORA FUNDAMENTO

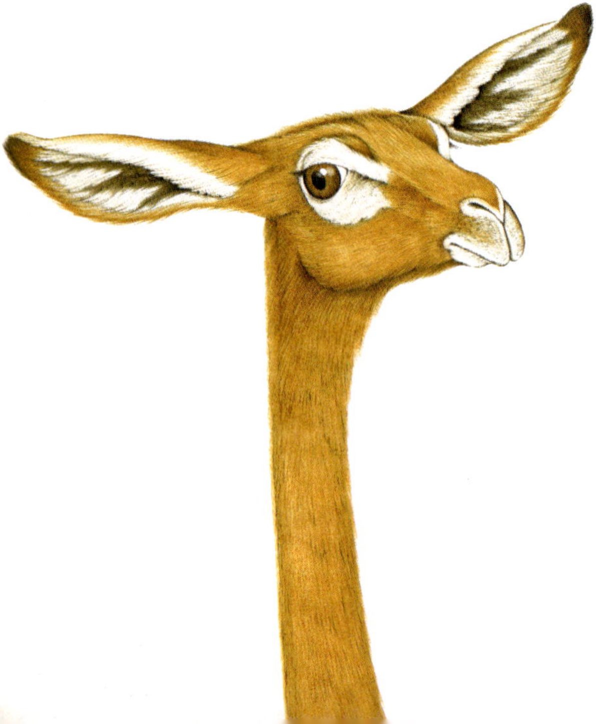

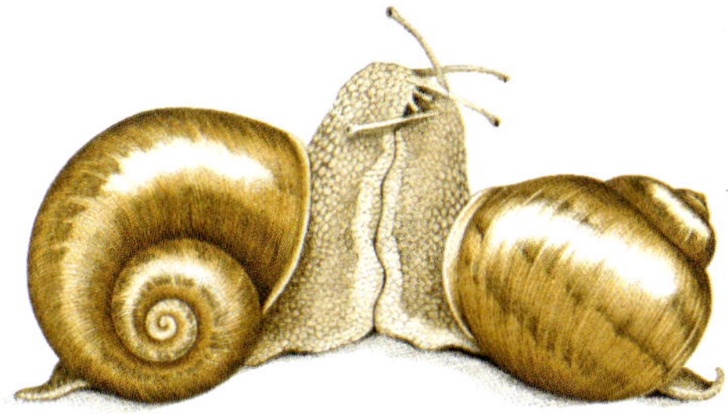

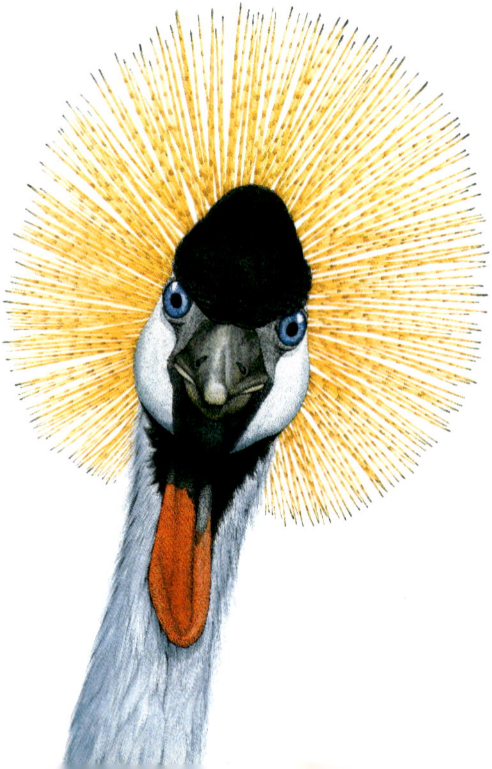

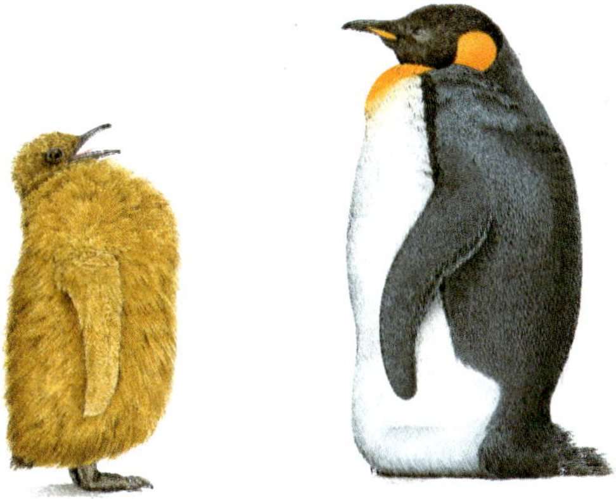

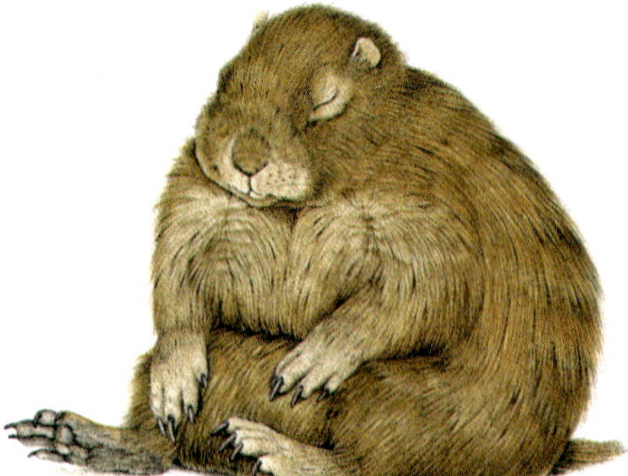